AF370216

LA PIÈCE

QUI N'EN EST PAS UNE,

DIALOGUE ANALOGUE

AUX PROLOGUE ET ÉPILOGUE

PAR LES CITOYENS

GEORGE DUVAL, BONEL ET SERVIÈRES.

Représentée, pour la première fois, sur le Théâtre Montansier-Variétes, le 17 germinal an 9.

A PARIS,

Chez Roux, Libraire, Palais du Tribunat, galerie du Théâtre de la République.

AN IX. — 1801.

PERSONNAGES.

LE RÉGISSEUR . . . . Cit. GUIBERT.

UN ACTEUR . . . . DUVAL.

UN AUTEUR de Montansier, sous le
nom de RICHELET . . . . . . AUBERTIN.

UN DÉPUTÉ du Théâtre de la rue de
Chartres . . . . XAVIER.

UN GARÇON DE THÉÂTRE . . . VAUXDORÉ.

Tous distribués dans la salle.

UN PETIT-MAITRE . . . . . . VENIARD.

UNE DAME . . . . Mlle JOLY.

UN FORT DE LA HALLE . . . . DUFRESNOL.

UN BATELIER . . . . TIERCELIN.

UN INTERLOCUTEUR . . . . ALEXANDRE.

UN SECOND . . . . DARANCOURT.

UN TROISIÈME . . . . HUGOT.

UNE ACTRICE . . . . Mme REBORY.

La Scène se passe au Théâtre Montansier-Variétés.

N. B. Le Batelier, le Petit-Maître et la Dame sont tous les trois dans une loge aux premières, au lever de la toile ; les deux hommes sur le devant.

LA PIÈCE QUI N'EN EST PAS UNE.

SCÈNE PREMIÈRE.

LE RÉGISSEUR, LE GARÇON, *qui, au lever du rideau, achève sa ronde dans les coulisses, une sonnette à la main.*

LE RÉGISSEUR, *accourant.*

Que diable fais-tu là ?

LE GARÇON.

Vous l'entendez bien, je sonne.

LE RÉGISSEUR.

Je sonne.... je sonne ! Et pourquoi donc faire ?

LE GARÇON.

Dame ! pourquoi faire qu'on sonne ? Pour appeler les acteurs ordinairement.

LE RÉGISSEUR.

Eh ! bien, où sont-ils ? Je n'en vois pas un.

LE GARÇON.

Ni moi non plus.

LE RÉGISSEUR.

Et ce nigaud qui va faire lever la toile ! (*Au Public.*) Citoyens, je vous demande pardon ; vous voyez que c'est un mal-entendu : ayez la complaisance d'attendre deux minutes ; on va commencer dans l'instant. Beau-Soleil, baissez la toile. (*La toile baisse à moitié.*)

SCÈNE II.
LES MÊMES, DUVAL.

DUVAL, *accourant.*

Hé ! pourquoi donc baisser la toile ? Je ne le veux pas, moi. Beau-Soleil, levez la toile. (*La toile se lève.*)

LE RÉGISSEUR.

Vous allez donc remplacer, à vous seul, les acteurs qui manquent ?

DUVAL.

Ils ne seront pas difficiles à trouver, Monsieur le Régisseur, et vous le savez mieux que personne.

LE RÉGISSEUR.

Que voulez-vous dire ?

DUVAL.

Que si le public était instruit de vos petites menées.... (*Au Garçon.*) Va me chercher les acteurs ; ils sont tous au foyer.

LE GARÇON.

J'y vais. (*Il sort, et sonne dans la coulisse.*)

SCÈNE III.
LE RÉGISSEUR, DUVAL.
DUVAL.

Vous compromettez aujourd'hui violemment l'administration, Monsieur le Régisseur ; mais elle s'en souviendra.

LE RÉGISSEUR.

Vous avez bien choisi le temps et le lieu pour me faire une pareille observation.

SCÈNE IV.

LES MÊMES, UN INTERLOCUTEUR *dans le parterre.*

L'INTERLOCUTEUR.

Ah ! çà, Messieurs, se moque-t-on de nous ici ? Voilà ce que je demande.

LE RÉGISSEUR.

Demandez à M. Duval.

DUVAL.

Demandez à Monsieur le Régisseur.

LE RÉGISSEUR.

D'ailleurs, vous voyez bien que le public...

DUVAL.

Est juste, et sait fort bien que, quand on reçoit une pièce, qu'on l'a fait répéter, qu'on l'a annoncée, ce n'est pas au moment de la jouer que l'on vient s'y opposer.

L'INTERLOCUTEUR.

Ah ! çà, toutes ces discussions-là ne nous regardent pas, nous autres : commencez la pièce, ou rendez-nous notre argent.

DUVAL.

S'il ne tenait qu'à moi, Citoyens.....

SCÈNE V.
LES MÊMES, RICHELET.
RICHELET.

QUE viens-je donc d'apprendre ? par quel hasard ma pièce se trouve-t-elle arrêtée au moment de la jouer ?

DUVAL.

C'est Monsieur qui prétend que, par suite de ses réflexions, on ne doit plus jouer le Vaudeville aux Variétés.

RICHELET.

Vous y jouerez peut-être la Tragédie ?

LE RÉGISSEUR.

On l'a bien jouée rue de Chartres.

RICHELET.

Oui, mais, comme je leur dis dans ma pièce, et comme tout le monde leur dira :

AIR *du Vaudeville de l'Opéra-Comique.*

> Quand vous plaisez par vos couplets,
> Par la gaîté, par la finesse,
> Courir après d'autres succès,
> C'est montrer bien peu de sagesse.
> Croyez-moi donc : pour plaire à tous,
> Reprenez l'aimable folie :
> Assez de théâtres, sans vous,
>   Chantent la Tragédie.

DUVAL.

Et d'ailleurs, on joue le Vaudeville partout ; je ne vois pas qui nous empêcherait de faire comme les autres.

RICHELET.

Sans doute, on le joue.

    Air *du vaudeville du Sorcier.*

Au théâtre de la Victoire,
Aux Italiens, aux Marais,
A Feydeau, l'Ambigu, la Poire,
Au Panthéon, même aux Français;
A Louvois n'ayant plus d'asile,
Il a, pour être encore chanté,
    La Cité,
   Molière, la Gaîté,
Pour qu'il ait fait toute la ville,
Bientôt, je crois, on le jouera
    A l'Opéra.

LE RÉGISSEUR.

A la bonne heure; mais il n'en est pas moins vrai que nous ne pouvons pas jouer votre pièce.

RICHELET.

    Air *du vaudeville d'Angélique et Melcourt.*

Monsieur, je n'oublirai jamais
Ce cruel et sanglant outrage:
Vous me privez d'un grand succès,
En ne jouant pas mon ouvrage.
D'après un usage permis,
On l'accueillait avec ivresse;
Ici, j'avais autant d'amis
Que de couplets dans ma pièce.

LE RÉGISSEUR.

Tout cela est bel et bon. . .

SCÈNE VI.

LES PRÉCÉDENS, LE PETIT-MAITRE, LE BATELIER, LA DAME, *tous dans une loge aux premières.*

LA DAME, *au Petit-Maître.*

Monsieur, voudriez-vous me laisser mettre sur le devant?

LE PETIT-MAITRE.

Eh parbleu! Madame, il fallait arriver plutôt. Je ne me crois pas, en conscience, obligé de me déranger pour vous.

LA DAME.

J'ai eu tort de vous faire cette demande ; mais, à votre air, je vous aurais soupçonné plus de galanterie.

LE PETIT-MAITRE.

Madame est piquée! c'est délicieux, d'honneur! Moi, j'aime ça.

LA DAME.

Un peu plus que la politesse.

LE PETIT-MAITRE.

La politesse, ma belle Dame? C'est mon fort.

LA DAME.

On s'en aperçoit.

L'INTERLOCUTEUR, *dans le premier Parquet.*

Allons, voyons ; place aux Dames.

LE PETIT-MAITRE, *à l'Interlocuteur.*

Si vous êtes si galant, vous n'avez qu'à donner la vôtre.

L'INTERLOCUTEUR.

L'habit rouge n'a qu'à donner la sienne.

LE BATELIER.

As – tu le poignet z'assez fort pour ça, toi, Fanfan ?

L'INTERLOCUTEUR.

Peut – être.

LE BATELIER.

Monte donc un peu à l'abordage ; je varrons voir.

RICHELET.

Allons, Messieurs.

AIR : *Femmes voulez-vous éprouver.*

Près des femmes soyons galans ;
Ayons l'antique courtoisie :
Par leur présence aux premiers rangs,
La salle se trouve embellie.
Dans un parterre, un jardinier
Des fleurs avec ordre dispose ;
De ses soins quel est le premier ?
C'est celui de placer la rose.

L'INTERLOCUTEUR *du premier Parquet.*

Allons, voyons : place à la rose.

LE PETIT – MAITRE.

Que le Batelier se dérange, pour peu que ça lui fasse plaisir ; moi, je reste.

L'INTERLOCUTEUR *du Parterre.*

Il faut que l'un des deux cède.

LE BATELIER, *au Petit – Maître.*

Allons, la Loupe ; fais voir que t'es poli, ou bien, tout de suite un plongeon.

LE PETIT-MAITRE, *cédant sa place.*

Madame est bien heureuse d'être aussi aimable.

LA DAME, *prenant la place du devant.*

C'est extrêmement heureux.

RICHELET.

A la fin, voilà Madame placée ; j'en suis très-content pour ma pièce.

AIR : *Je vois toujours la même chose.*

Femme jolie a le pouvoir
De conjurer une cabale :
Du moment qu'elle se fait voir,
On fait silence dans la salle,
A suivre son intention,
Nos galans font les bons apôtres ;

Car de sa part,

Un signe d'approbation
Est un aimant pour tous les autres.

LE BATELIER.

Bravo, petit coco !

RICHELET, *au Public.*

Eh bien ! Citoyens, voilà comme je les tourne, les couplets ; voilà comme ils sont tous dans ma pièce, et M. le Régisseur ne veut pas qu'on la joue.

LE RÉGISSEUR.

J'ai de bonnes raisons pour cela.

L'INTERLOCUTEUR *du Parterre.*

Vous avez tort, Citoyen, vous l'avez annoncée, vous devez la jouer.

L'INTERLOCUTEUR *du premier Parquet.*

La pièce.

LA DAME.

La pièce, M. l'Administrateur, ou je m'en vas.

LE PETIT-MAITRE.

La pièce, ou vous voyez que nous perdons la rose de notre parterre.

RICHELET, *au Régisseur.*

Vous voyez que c'est le vœu général.

LE RÉGISSEUR

Ah ! dès que le public l'ordonne, je me retire. Mais vous irez chercher les acteurs ou vous pourrez. (*Il sort.*)

SCÉNE VII.

LES PRECEDENS, *excepté le Régisseur.*

RICHELET, *courant aprés le Régisseur.*

Monsieur le Régisseur ! M. le Régisseur ! Il est déjà loin, ma foi. . . Il va retenir les acteurs. . . Comment faire ?

DUVAL

Cela devient embarrassant.

RICHELET.

Ecoutez : je tiens à ce que le public entende ma pièce. Voyons : vous êtes de la troisième scène, passons les deux premières, et je continuerai avec vous, le manuscrit à la main, si le public veut me le permettre.

LE PETIT-MAITRE.

Il le faut bien.

D U V A L, *à Richelet.*

Auparavant, je crois que vous ne feriez pas mal de mettre un peu le public au fait du sujet de votre pièce.

R I C H E L E T.

Vous avez raison. (*Au Public.*) Citoyens, vous avez sans doute entendu parler de la petite querelle qui s'est élevée entre deux Théâtres?

L E B A T E L I E R.

Du tout, mon homme : viens donc par ici me jaser un brin de ça.

R I C H E L E T.

L'un d'eux a prétendu qu'il était le berceau du Vaudeville.

L E P E T I T - M A I T R E.

Il a raison.

R I C H E L E T.

Nous sommes d'accord là-dessus ; mais cependant....

Air : *Une fille est un oiseau.*

Si quelqu'auteur, en secret,
Demandait au Vaudeville,
Quel est, en France, l'asile
Qu'il préfère, il répondrait :
« Fils de la Gaîté, je brille
» Aux lieux où l'esprit pétille ;
» Les Plaisirs sont ma famille,
» Ainsi que l'a dit Boileau :
» L'univers est mon empire ;
» Partout où l'on aime à rire,
» Je retrouve mon berceau. »

L E P E T I T - M A I T R E.

Ah ça ! dites donc, Monsieur l'Auteur, est-ce que vous penseriez à le placer ici ?

RICHELET.

C'est-à-dire.....

LE PETIT-MAITRE.

Mais non ; pourquoi pas ? le berceau du Vaudeville dans le four de Cri-cri ! ça serait drôle.

RICHELET.

Vous blâmez notre genre ? mais écoutez donc.

AIR : *Si Pauline est dans l'indigence.*

Des gens du port le ton burlesque
A VADÉ fut d'un grand secours :
Malgré ce qu'il a de grotesque ,
Son genre amusera toujours.
Près de Favart il a su plaire :
Le même jour , les spectateurs
Allaient applaudir la ROSIÈRE,
Et rire ensuite aux RACOLEURS.

LE PETIT-MAITRE.

C'est charmant en effet ; un Vaudeville poissard ! La jolie société qu'on voit sur le théâtre ! des mitrons, des blanchisseuses, des bateliers, des.....

LE BATELIER, *se levant en colère.*

Des bateliers ! eh ben ! quoique t'en veux donc dire, Benjamin ? Tais-toi, figure à coteret, ou je t'étourdis le baptême , et je te fais tomber le chapiteau , et je dis promptement.

LE PETIT-MAITRE.

Dieu ! quel genre ! quel ton !

LE BATELIER.

C'est l'ton du port , mon homme ; et, si tu veux en connaître les gestes, t'as qu'à dire encore une parole.

UN INTERLOCUTEUR, *aux troisièmes.*

Ah ça! dis donc, l'habit rouge, si tu voulais te taire.

LE BATELIER.

Qu'est-ce qui aboie là-haut ? C'est toi, Paquet ?

L'INTEROCUTEUR, *vis-à-vis.*

Si les citoyens voulaient laisser continuer la pièce.

L'INTERLOCUTEUR *du Parterre.*

Parbleu ! sans doute ; vous disputerez après.

LE PETIT-MAITRE.

C'est la faute aux administrateurs, qui laissent entrer aux premières des gens comme ça.

LE BATELIER.

Prends garde à toi, grand échalas ; si tu desserres encore les dents, tu vas te faire bûcher.

L'INTERLOCUTEUR *du premier Parquet.*

Allons, paix !

RICHELET, *au Public.*

Je vous disais donc, Citoyens, que la lutte engagée...

SCÈNE VIII.

LES MEMES, LE REGISSEUR, UN ENVOYÉ DU VAUDEVILLE.

LE RÉGISSEUR.

Tenez, Monsieur l'envoyé, expliquez-vous avec M. Duval ; je m'en lave les mains.

SCÈNE IX.

LES MÊMES, *excepté le Régisseur.*

LE BATELIER.

Tiens! il va laver ses mains..... Eh ben, ça sera du propre.

L'ENVOYÉ.

Je suis député ici par le théâtre du Vaudeville pour savoir quel est le but de la pièce que vous annoncez sur votre affiche.

DUVAL.

Le but de notre pièce ?

L'ENVOYÉ.

Seroit-ce par hazard pour le tourner en ridicule, que vous introduiriez le Vaudeville chez vous ?

DUVAL.

Pas plus que vous n'avez prétendu tourner en ridicule la Tragédie, en l'introduisant au Vaudeville.

L'ENVOYÉ.

Encore, si vous aviez quelque idée de ce qu'est le Vaudeville !.....

RICHELET.

Le Vaudeville !

Air *de la fuite en Égypte.*

Il corrige sans offenser ;
Il badine avec la satyre ;
Il pique sans jamais blesser ;
En égratignant il fait rire.

Tour à tour gracieux et fin,
Il critique, il amuse, il fronde ;
Partout il plaît, et c'est enfin
Le plus aimable enfant du monde.

L'ENVOYÉ.

On s'en aperçoit ; chacun veut l'avoir.

RICHELET,

C'est votre faute ; vous l'avez trop bien traité ; et , comme tous les enfans gâtés, il est devenu tant soit peu libertin.

L'ENVOYÉ.

Une politesse !

RICHELET.

Mais, avec la même franchise, je vous dirai que vous l'avez rendu un peu plus qu'espiègle.

AIR : *Trouverez-vous un Parlement.*

Sur ce qu'on fait, sur ce qu'on dit,
On l'entend sans cesse médire.

L'ENVOYÉ.

Avec l'éloge on affadit ;
On corrige par la satyre,
Ce caustique et charmant enfant
Qui, sur ce principe se fonde,
Lance des pierres, en riant,
Dans le jardin de tout le monde.
Ces pierres qu'il sut amasser,
Par Momus lui furent données ;
Le droit *exclusif* d'en lancer
Est à lui depuis dix années.

RICHELET.

Chacun avec vous conviendra
Qu'à cet honneur il a des titres ;
Mais en jetant ces pierres-là,
Trop souvent il casse les vitres.

LE PETIT-MAITRE.

Mais, mon cher, il n'y a que ce moyen pour faire du bruit.

L'ENVOYÉ.

Encore faut-il de l'adresse, pour lancer des pierres. On a voulu casser nos vitres, à nous ; mais, malgré les torts qu'on nous reproche.....

AIR *de la romance du Jaloux malgré lui.*

> Sans avoir confessé son crime,
> Le Vaudeville fut absous :
> Certain théâtre que j'estime,
> Dans cette affaire eut le dessous.
> Disons-le sans lui faire offense ;
> L'auteur de la *Confession*,
> Malgré qu'il ait fait *Pénitence*,
> N'aura pas l'*absolution*.

RICHELET.

Tenez, collègue :

AIR *du vaudeville de la Fille en Loterie.*

> Vous conviendrez que ces débats
> Provoquent la pitié publique ;
> Et, si je ne me trompe pas,
> J'y vois un coup de politique.
> Laissant là vos grands hommes morts,
> Ayant assez chanté les femmes,
> Vous avez fait naître des torts,
> Pour enfanter des épigrammes.

L'ENVOYÉ.

À qui la faute ?

DUVAL.

Ma foi ! la première est à ceux qui ont commencé l'attaque.

C

LE PETIT-MAITRE.

Et la seconde à ceux qui l'ont repoussée avec des armes inégales. Si j'avais l'avantage de les connaître, je leur dirais : Messieurs, vous avez tort de vouloir vous battre avec des gens qui sont plus en fonds que vous pour soutenir la guerre.

L'ENVOYÉ.

Monsieur a raison.

RICHELET.

Sans doute.

AIR : *Comme j'aime mon Hypolite.*

Ils ont FLORIAN et PIRON,
GENTIL-BERNARD, CHAULIEU, MOLIÈRE,
MAITRE-ADAM, DUFRÉNY, SCARRON,
GESSNER, JEAN MONNET et VOLTAIRE.
La vérité de ces portraits
Prouve chaque jour leur mérite.....

LE BATELIER, *ayant fredonné l'air pendant le couplet, chante de manière à couvrir l'acteur :*

On ne les aimera jamais
Comme j'aime mon Hypolite.

LE PETIT-MAITRE.

A votre tour, mon cher, voudriez-vous me faire l'amitié de vous taire ?

RICHELET.

Non, mais Monsieur n'a qu'à venir sur le théâtre, il se mêlera de la discussion.

LE BATELIER.

Pourquoi pas, si ça me plaît, et que ça m'amuse ?

L'INTERLOCUTEUR *du premier Parquet.*

Il n'y a qu'à faire descendre la garde au Batelier, s'il ne se tait pas.

L'INTERLOCUTEUR *des Troisièmes.*

Allons, à bas le Batelier.

CELUI *du Parterre.*

A la porte, le Batelier.

TOUS LES ACTEURS.

A la porte, le Batelier, à la porte.

LE PETIT-MAITRE.

Allons, papa, voyons.

LE BATELIER.

Que le plus hardi ait l'ardiesse d'avancer; je lui serre le respirant de magnière à leux y faire passer le goût des bonnes choses.

DUVAL, *au Batelier.*

Citoyen, vous voyez bien que vous allez occasionner du tumulte, ayez la complaisance de vous taire ou de vous retirer.

LE BATELIER.

Me taire ? Eh! pourquoi ? je chante, en attendant que la pièce commence : je n'ai pas payé mes trois francs trente centimes pour rien, et, si ça ne vous convient pas, allez vous promener; v'là tout. (*Il chante*)

Eh! mais oui-dà !
Comment peut-on trouver du mal à ça ?

L'ENVOYÉ.

Le Citoyen voudra-t-il bien nous permettre ?

LE BATELIER, *chantant.*

Ta la deri dera , ta la deri dera.

DUVAL.

Si vous continuez de chanter , l'officier de police.....

SCÈNE X.

LES MEMES, UN FORT DE LA HALLE
aux troisièmes.

LE FORT.

Chante , chante , va , François , je vas faire chorus avec toi.

SCÈNE XI.

LES MEMES, LE REGISSEUR.

LE RÉGISSEUR.

Que signifie donc tout ce tapage ? (*au Batelier.*) Si ce n'était pas trop exiger que de vous demander un moment de silence , pour nous expliquer avec le Citoyen......

LE BATELIER.

Donnerez-vous la pièce après ?

LE RÉGISSEUR.

Tout de suite.

LE BATELIER.

A la bonne heure.

LE RÉGISSEUR, *à l'Envoyé.*

Vous avez dû voir , Citoyen.....

L'ENVOYÉ.

Jusqu'à présent, il nous a été impossible de prononcer deux mots de suite.

LE BATELIER.

Prononcez-en quatre ; on vous le permet.

LE PETIT-MAITRE

Oh! dès que le Batelier le permet.....

LE BATELIER.

Tais-toi, mistigry.

LE RÉGISSEUR, *à l'Envoyé.*

Avez-vous pu vaincre l'obstination de mon confrère?

DUVAL.

Je n'ai point d'obstination ; mais je tiens à mon projet plus que jamais

L'ENVOYÉ.

Et des moyens d'exécution, en avez-vous? Un théâtre voisin comptait aussi sur ses moyens : deux vaudevilles y ont été donnés successivement, à l'occasion de la paix, et vous savez ce qui leur est advenu.

Aɪʀ *de la Croisée.*

Pour célébrer tant de hauts faits ,
Sur ce théâtre on a beau faire :
A ceux qui font siffler la paix ,
Le public déclare la guerre.
On devait croire à leurs succès ;
Car toujours , le fait est notoire ,
Chez les Italiens , les Français
   Se sont couverts de gloire.

DUVAL.

Nous avons célébré la paix dans une guinguette, et le public ne nous en a pas su mauvais gré.

L'ENVOYÉ.

C'est qu'elle n'a pas été désirée aussi long-temps ; ah ! ces Messieurs ont voulu nous faire aller à confesse ; nous leur avons répondu , et nous répoudrons jusqu'à ce que.....

RICHELET.

Vous avez tort , les uns et les autres.

Air : *Souvent la nuit, quand je sommeille.*

Soyez amis , jeunes Poëtes ,
Cessez des débats chagrinans ,
Et , par d'éphémères bleuettes ,
Ne flétrissez plus vos talens.
Que le fiel et l'âpre malice
De tous vos couplets soient bannis :
Par l'amour-propre désunis ,
Que l'estime vous réunisse.

Tenez , croyez-moi ; faites , avec vos antagonistes , une paix honorable.....

L'ENVOYÉ.

Dont nous voulons dicter les conditions.

Air : *Si chacun voulait s'entr'aider.*

C'est une femme que la Paix ,
A dit plus d'un savant poëte ;
Cette femme a beaucoup d'attraits ;
Mais , par malheur , elle est coquette.
De ses faveurs , dans tous les temps ,
Chaque mortel est idolâtre ;
Mais , comme elle a beaucoup d'amans ,
Pour l'obtenir il faut se battre.

DUVAL.

Venez – vous , en ce cas , nous déclarer la guerre.

L'ENVOYÉ.

Nous sommes trop sûrs de la victoire , et vous savez que . . . . . .

A vaincre sans péril. . . . .

RICHELET.

On triomphe sans gloire.

N'est–ce pas ?

LE BATELIER.

C'est connu , ça.

RICHELET.

Ainsi , vous nous permettez de chanter ?

L'ENVOYÉ.

Un instant . . . . Entendons – nous.

LE BATELIER.

Eh ! ben , moi , je veux qu'ils chantent , et ils chanteront , parce que j'aime les chansons , et que je viens ici pour en entendre.

LE PETIT – MAITRE.

Puisque vous aimez les jolies chansons , mon cher , je vous engage à aller rue de Chartres.

LE BATELIER.

Oh ! j'y ai t'été ; mais y a là trop d'esprit pour moi : j'aime mieux venir par – ici , c'est pas farce ; et je dis , en fait de ça , il en faut pour tout le monde , pas vrai , mon fils ?

L'INTERLOCUTEUR *du premier Parquet.*

Le Batelier a raison.

TOUS.

Oui, oui ; le Batelier a raison.

L'ENVOYÉ.

Je ne reviens pas, moi, de cette fureur qu'on a de chanter partout.

RICHELET.

Il est vrai qu'à présent on chante comme on n'avait pas chanté depuis long-temps.

LE RÉGISSEUR.

Grâce à qui ?

RICHELET.

Je vais vous le dire.

AIR : *Vive Henri quatre.*

Au grand génie,
Qui, par ses longs travaux,
A sa patrie
Sut rendre le repos.
Ce diable à quatre
Au plus brillant laurier,
A force de battre,
Vient d'unir l'olivier.

TOUS, *en Chœur.*

Ce diable à quatre, etc.

DUVAL, *à l'Envoyé.*

Vous entendez ?... Dans tous les coins de la salle.

L'ENVOYÉ.

Oh ! pour celui-là, toute la France ferait chorus. Allons, je vois bien qu'il faut que je vous cède.

RICHELET.

On n'emprunte qu'aux riches, et vous pouvez prêter beaucoup sans vous appauvrir.

DUVAL.

Eh! bien, vous le voyez; sans avoir fait une pièce, nous avons fait chanter le Vaudeville à tout le monde.

SCÈNE XII ET DERNIÈRE.

LES MÊMES, UNE ACTRICE.

L'ACTRICE.

Eh! bien, Messieurs, est-ce fini? Jouera-t-on le Vaudeville ici?

DUVAL.

Oui, ma chère camarade, nous sommes d'accord.

L'ACTRICE.

Allons, tant mieux.

VAUDEVILLE.

Air : *C'est la petite Thérèse.*

L'ACTRICE.

Si, sur notre territoire,
Nous pouvons vous imiter,
Théâtres, rivaux en gloire,
Nous saurons vous respecter;

D

Craignez peu qu'il nous échappe
Contre vous des traits malins :
Nous voulons mordre à la grappe,
Mais sans nuire à nos voisins.

(Bis en chœur à chaque couplet.)

L'ENVOYÉ.

Nos chansonniers, que révèrent
Les vrais amis du plaisir,
Du genre qu'ils embrassèrent
N'ont jamais voulu sortir.
Ces gens, à qui rien n'échappe,
Pour composer leurs refreins,
Ne vont pas mordre à la grappe
Dans la vigne à leurs voisins.

RICHELET.

Quand, pour le repos du monde,
Tous les peuples sont d'accord,
Se croyant maître de l'onde,
L'Anglais veut combattre encor ;
Je crains peu qu'il nous échappe :
Bien qu'il ferme le chemin,
Nous irons mordre à la grappe
Dans la vigne à ce voisin.

LE RÉGISSEUR.

Aux talens que l'on admire
Sur le Théâtre Français,
C'est en vain que la satyre
Prétend lancer quelques traits :

Eh ! qu'importe qu'on s'échappe
Contr'eux en discours malins ?
On ne peut mordre à leur grappe,
Trop verte pour leurs voisins.

RICHELET, *au Public.*

Vous amuser et vous plaire
Est le but de nos désirs ;
Notre étude est de tout faire
Pour varier vos plaisirs.
Usant du temps qui s'échappe,
Chaque jour, en bons humains,
Venez mordre à notre grappe,
Et traitez - nous en voisins.

FIN.